1. Klasse
Der Bücherbär

# Mein Abc-Lesestart

Liebe Eltern,

jedes Kind ist anders. Eines kennt bereits alle Buchstaben in der Vorschule und kann sie zu Wörtern formen. Ein anderes lernt das Abc beim Eintritt in die Schule. Für das spätere Leseverhalten ist das völlig unerheblich. Wichtig aber ist der Spaß am Lesen – und zwar von Anfang an. Darum orientiert sich unsere konzeptionelle Entwicklung von Lesetexten an den unterschiedlichen Lernentwicklungen der Kinder.
Unser Bücherbär-Erstleseprogramm umfasst deshalb verschiedene Reihen für die Vorschule und die ersten beiden Schulklassen. Sie bauen aufeinander auf und holen die Kinder dort ab, wo sie sind.

Die Bücherbär-Reihe ***Mein Abc-Lesestart*** richtet sich an Leseanfänger nach dem Abschluss des Buchstabenlernens.
Die besonders übersichtlichen Leseeinheiten und kurzen Zeilen sind ideal zum Lesenlernen, zudem erleichtern Bildergeschichten das Textverständnis. Lustige Buchstaben- und Leserätsel regen zum Nachdenken und zum Gespräch über die Geschichten an. Denn Kinder, die viel Gelegenheit zum Sprechen haben, lernen auch schneller lesen.

In Zusammenarbeit mit
westermann

Christian Seltmann

# Ein Kuschelmonster für die Lesenacht

Dieses Buch gehört:

______________________________

**Christian Seltmann**
studierte Geschichte, Germanistik und Philosophie. Er war Messdiener, Pfadfinder, Rettungssanitäter, Lektor, Fernsehredakteur, Radiosprecher, Fremdenführer und schreibt Kinderbücher. Er lebt mit Frau, Tochter und Sohn in Coburg.

**Nikolai Renger**
ist in Karlsruhe geboren und studierte Visuelle Kommunikation an der HFG in Pforzheim. Er ist als freiberuflicher Illustrator für verschiedene Verlage und Agenturen tätig und arbeitet seit 2013 im Atelier Remise in Karlsruhe.

MIX
Papier aus verantwortungsvollen Quellen
FSC® C110508
FSC www.fsc.org

1. Auflage 2017

Einband und Illustrationen: Nikolai Renger
Gesamtherstellung: Westermann Druck Zwickau GmbH
ISBN 978-3-401-70961-1

**www.arena-verlag.de**

Christian Seltmann

# Ein Kuschelmonster für die Lesenacht

Mit Buchstaben- und Leserätseln

Bilder von Nikolai Renger

Arena

## In dieser Geschichte spielen mit:

Hanna

das Kuschel

Leo

die Lehrerin

Max Möhre

## Schwierige Wörter im Text:

das Kuscheltier

die Lesenacht

die Erdbeer-Marmelade

der Waschraum

Hanna ist lustig und mutig.
Zusammen mit Leo
geht sie
in die erste Klasse.

Zur Lesenacht
treffen sich heute alle
in der Schule.

Alle Kinder haben
ein Kuscheltier dabei.
Nur Hanna hat keines.

Die Lehrerin liest
eine tolle Geschichte vor.

Die Lehrerin klappt
das Buch zu.
Erdbeer-Marmelade
mag Hanna auch.

Sie hat sogar
ein Glas Marmelade dabei.
Die ist für das Frühstück
am nächsten Morgen.

Jetzt putzen alle
ihre Zähne.
Und dann schnell ins Bett!

Hanna kann nicht einschlafen.
Sie vermisst ihr Kuscheltier.

Plötzlich schreckt Hanna auf.
Die Marmelade ist weg!
Hanna sucht überall.

Hanna sieht eine Spur.
Sie ist rot!
Ist das Blut?

Nein, es ist Marmelade!
Die Spur führt hinaus
auf den Flur.

Hanna schleicht
und guckt und horcht.
Da! Ein Geräusch!
Jemand schnauft und schmatzt.
Ist das ein Monster?

Und da ist noch jemand.
Hanna dreht sich langsam um.

Es ist … Leo!

Was machst du hier?
Ich folge der Marmeladen-Spur!

Da hören sie wieder
das Schmatzen.
Es kommt aus
dem Waschraum.

Ist das gruselig!
Komm weg!

Da sitzt das Wesen
aus dem Buch.
Es schlabbert
Erdbeer-Marmelade.

Sein Maul ist verschmiert
und seine Pfoten auch.

Hanna muss grinsen.
Sie macht einen Schritt
auf das kleine Wesen zu.

Hab keine Angst!

Das kleine Wesen zeigt
auf Leos Hasen.

Hanna fragt Leo:
„Wie heißt dein Hase?“
Leo sagt: „Max Möhre.“

„Wie heißt du denn?“,
fragt Leo.
„Hast du keinen Namen?“,
fragt Hanna.

„Na, hör mal!“,
sagt Hanna.
„Stell dir vor,
du hast keinen Namen.“

Hanna überlegt.
Das kleine Wesen
schnieft.

„Ich hab's", ruft Hanna.
„Wir geben dir
einen Namen."

Aber nichts gefällt
dem kleinen Wesen.

Da breitet Hanna die Arme aus
und sagt:
„Du bist das Kuschel!“

„Hurra!“,
jubelt das kleine Wesen.

„Gibt es jeden Tag …?“,
flüstert das Kuschel.
„… Erdbeer-Marmelade?“,
fragt Hanna und lacht.
Das Kuschel nickt.

„Ja“, sagt Hanna.
„Bei uns gibt es jeden Tag
Erdbeer-Marmelade!“

Das Kuschel kuschelt sich
an Hanna.
Hanna kuschelt sich
an das Kuschel.
Und dann schlafen beide ein.

## Buchstaben- und Leserätsel

### Finde den richtigen Reim!

Hanna folgt bis in den Flur
einer unheimlichen ______________.
(Spinne / Spur)

Es kommt heute zu Besuch,
das Kuschel aus dem tollen ___________.
(Brief / Buch)

### Lies genau!

Der Hase **M**ax **M**öhre hat zwei Freunde:
**L**eo **L**öwenzahn und
**R**udi ________________.

## Silbenrätsel

Das isst Leos Kuscheltier am liebsten:

sa   Möh   lat   ren

Was schreibt das Kuschel an Hanna?
Die Anfangsbuchstaben dieser Wörter
verraten es dir.

___ ___ ___   ___ ___ ___ ___ !

Die Lösungen findest du
auf der übernächsten Seite.

**Erzähl mal!**

Das Kuschel sagt:
„Immer nur im Buch sein,
das ist doch langweilig.
Deshalb bin ich gestern …“

Wie geht die Geschichte weiter?

# Lösungen

**So heißt es richtig:**
Hanna folgt bis in den Flur
einer unheimlichen Spur.

Es kommt heute zu Besuch,
das Kuschel aus dem tollen Buch.

Max Möhres Freund heißt: **R**udi **R**adieschen.

Leos Kuscheltier isst am liebsten Möhrensalat.

Das Kuschel schreibt:

B I S  B A L D !

1. Klasse
Der Bücherbär

## Mein Abc-Lesestart

**Das kleine Muffelmonster – Viel Wirbel im Klassenzimmer**
978-3-401-70853-9

**Drei Freunde und ein Baumhaus**
978-3-401-70997-0

**Tilda Apfelkern – Beste Freunde und ein Regenbogen-Picknick**
978-3-401-70849-2

**Die kleine Blumenelfe und der Zauberstein**
978-3-401-70901-7

Jeder Band: Ab 5/6 Jahren • Mein Abc-Lesestart • Durchgehend farbig illustriert
48 Seiten • Gebunden • Format 17,5 x 24,6 cm

Mit Bücherbärfigur am Lesebändchen, Bildergeschichten und Abc-Stickerbogen

Innenseite aus »Millis erster Schultag«

Die Reihe »Mein Abc-Lesestart« richtet sich an Leseanfänger nach dem Abschluss des Buchstabenlernens. Mithilfe von Bildergeschichten und kurzen Leseeinheiten ist das Erlesen einer ersten durchgehenden Geschichte kinderleicht.

In Zusammenarbeit mit **westermann**

## 1. KLASSE

Allererstes Lesen

**Das Känguru trägt keine Schuh**
Tierische Abc-Geschichten in Reimen
978-3-401-70792-1

**Millas magischer Schultag**
Lustige Schulgeschichten
978-3-401-70602-3

**Bens großes Spiel**
Lustige Fußballgeschichten
978-3-401-70854-6

**Erdbeerinchen Erdbeerfee**
Lustige Zaubergeschichten
978-3-401-70685-6

Jeder Band: Ab 5/6 Jahren • Allererstes Lesen • Durchgehend farbig illustriert
48 Seiten • Gebunden • Format 17,5 x 24,6 cm

Mit Bücherbärfigur am Lesebändchen und Leserätseln

Einfache Geschichten mit kurzen Zeilen

Große Fibelschrift und Zeilentrennung nach Sinneinheiten

Mit Bilder- und Leserätseln

Viele farbige Bilder

Innenseite aus »Zack und seine Freunde«
ISBN 978-3-401-70073-1

Die Reihe »Allererstes Lesen« ist auf die Fähigkeiten von Leseanfängern abgestimmt: Übersichtliche Leseeinheiten und kurze Zeilen sind ideal zum Lesenlernen. Die ausdrucksstarken Bilder unterstützen zudem das Textverständnis.

In Zusammenarbeit mit westermann